स्मृतियाँ

काला

स्मृतियाँ

सुलेखा डोगरा

ZORBA BOOKS

ZORBA BOOKS

Publishing Services in India by Zorba Books, 2019

Website: www.zorbabooks.com
Email: info@zorbabooks.com

Zorba Books Pvt. Ltd.(opc)
Gurgaon, INDIA

अनुक्रम

भाग-2

Foreword

This book has been lovingly compiled by all the grandchildren of Sulekha Dogra with the good wishes of her entire family who not only love her dearly but are inspired by her every single day. Throughout her life, from what we have witnessed ourselves and what we have heard from our parents about her — stories from a time when we were not even born (!) — she has been and continues to be someone who has held her own in face of adversities and has never allowed any bitterness in her outlook towards life or anyone else for that matter! The time we have spent with her as young children and as married adults (some of us!) and continue to spend with her, is always filled with joyous laughter and immense inexhaustible love!

Some of us lovingly call her "chocolate nani" not just because she is terribly sweet but also because as children she would never greet us empty-handed! She was and is our very own Santa Claus!

She is an epitome of intelligence, talent, beauty and grace, as this book and the pictures in this book can vouch for! This is just a small gesture from us to convey to her that she is amazing and we all love her a lot. Here's hoping that she continues to write more and more and always keeps shining her million-dollar smile on all of us!

With lots of love from,

Aryan, Aarav,
Annanya, Ayush,
Hina, Annie,
Veenuj, Sheena,
Tushar, Tanuj
— and family!

Preface

About my poetry, I can say only this—I am not a great poetess, I am just a very emotional person. I just pen down poems to express my feelings and emotions. It relieves me from all my stress and keeps me happy.

I was born and brought up India, in the city of temples known as Jammu in the state of Jammu and Kashmir. I completed my graduation there and shifted to Bangalore after my marriage. But unfortunately, I lost my husband and I was left with two teenage children, a daughter and a son. So life suddenly became tough.

I took up a job and was busy in educating them. There was no time for anything else. Once both my children were settled in their lives, I happily joined my son and daughter-in- law in UK in 2003. But I missed my country and my daughter as well as my grand children.

Since my son and daughter-in-law were both working, I had a lot of time on my hands with which I wanted to do something constructive. I was always looking to do something which could keep me occupied. So, I started working as a volunteer in a Hindi school in UK. I used to be very happy with young learners.

Working there gave solace to me and an identity of my own. The head of the school always encouraged and appreciated me. One day I got a call from the librarian who was my good friend. She told me that in the Hindu Community in UK, some poets were celebrating the 60th anniversary of India's independence.

She wanted me to write something for that occasion. That's when I wrote my first poem which I recited in front of an audience. Everybody appreciated that. So I started to write with more confidence.

Many of my poems were published in a Hindi magazine in UK called Parvasi Duniya. I took part in many kavi sammelans (gathering of poets). All my friends used to request me to write and share my poems in small functions. I felt very happy and confident doing that.

I wrote a few poems on issues of rape, selective abortion of the girl child, corruption by leaders in India, for our soldiers fighting on the Indian borders, for my lovely daughter and other family members and so on.

Sulekha Dogra

भाग-1

यादें

किसे दिखाएं दर्द यह अपना, तुम तो दूर बहुत निकल गए
अता-पता न छोड़ा अपना, कहां मैं भेजूं तुमको पाती।
लम्बे दिन और काली रातें, अब तो इनकी आदत-सी पड़ गयी
फिर भी कहीं गहन अंधेरे में, आवाज तुम्हारी मुझे बहकाती,
काश! वक्त फिर लौट के आता, अपना हाल मैं तुम्हें सुनाती
कह देती वो सारी बातें, जो न कभी मैं थी कह पाती
मन में बार बार यह आता, काश! तुम से पूछ मैं पाती
बिना बताए क्यों चले गए तुम, राह देखती रही तुम्हारी
तुमने तो मुड़ कर न देखा, इंतजार में मैंने सारी उम्र गुजारी।
बहुत खास था आज का दिन, अब यह पीड़ा बहुत है देता
आंसू अपने छिपाने की खातिर झूठ-मूठ हूं मैं मुस्काती।
अच्छा छोड़ो गिले और शिकवे, चलो, तुम्हे मैं याद दिलाऊं
स्वर्ण जयंती है आज हमारी, लगता है तुम साथ हो मेरे।
यादों की पोटली में बांधा है हर लम्हा, गुजरा था जो संग तुम्हारे
जहां कहीं भी हो बसेरा सदा वहीं पर खुश तुम रहना
मिल न पाएंगे अब जीवन में, इतना ही बस मुझको कहना।

3

मायका

किसी कोने में ढूंढते-ढूंढते
खोया हुआ बचपन अपना
बुढ़ापा आ जाता है
लेकिन मायका बहुत याद आता है
बस यादों में रह जाता है,
मायका बहुत याद आता है।
छूट जाते है मां और बाबा,
बस कहीं-कहीं उनकी
तसवीरें टंगी दिख जाती हैं
बाकी सब बदल जाता है,
बस यादों में रह जाता है
लेकिन मायका बहुत याद आता है।
नहीं दिखता है वो आंगन,
जिसमें आंख-मिचौली खेले थे
न वो तुलसी का बिरवा,
जहां मां सुबह-शाम दिया जलाती थी
हम सबकी खैर मनाती थी
वो मंदिर का प्रसाद, मां के हाथों की
चूल्हे पर सिकीं गर्म रोटियां
उनकी खुशबू मुझे रुला जाती है
तब मायका बहुत याद आता है।

4

छूट गया मां जाया भी,
जो प्यार से मुझे बुलाता था
बस मायका यादों में रह जाता है
मेहमान बन जाती है बेटियां,
आंख से आंसू टपक जाता है
लेकिन मायका बहुत याद आता है।
अब सबकी खैर मनाती हूं,
जीएं जुग-जुग मेरे बाबुल की निशानियां
बस यही दुआ मनाती हूं,
और खयालों में खो जाती हूं
लेकिन मायका यादों में आ जाता है।

बचपन

धरा ने ओढ़ी पीली चुनरी सरसों की, मेरे देश की यादें लाई है
पवन के हर झोंके से मेरी माटी की खुशबू आई है!
इक प्यारा से घर दिखता है, जिस आंगन में मैं खेली थी ममता
भरी इक जोड़ी अंखियों की, मां की याद दिलाती है। प्यार भरा
इक हाथ था सर पर, जिसे थामना चाहती हूं
वो हाथ है मेरे बाबा का, जो सदा आशीज़ दे जाता था।
सखियों के संग खूब खेलना, झट से मां के आंचल में छिप जाना
हठ करके भाई से अपने, सारा छुट्टा छीन के ले जाना,
कहां छूट गए दिन बचपन के, बस यादों में आ जाते हैं।
छूट गया बाबुल का अंगना, छूटा साथ पिया का भी
बिछड़ गए भाई और बहनें, मिलने को तरस रहा है जी!
जैसे फिसले रेत मुठ्ठी से, वैसे ही सब फिसल गया
सूनी-सूनी आंखें मेरी, ढूंढ रहीं न जाने क्या?
जी चाहे तितली बन जाऊं, उड़ जाऊं रैन बसेरे में
लग जाऊं गले अपनी मैया के, ढेर-सा प्यार फिर पाऊं मैं। इन्हीं
सपनों में खोयी थी मैं, पीछे से मेरा पोता आया
खींच के आँचल तुतला कर बोला, उथो! उथो!! दादी तलो उसी
पल मैं जी उठी दोबारा, झट से उसे गले लगाया
मानो बचपन वापिस आया, खुशियों की सौगातें लाया।

ममता की मूरत

ममता की मूरत, भोली सूरत
मेरे दिल में रहती है
यादों की डोरी थाम कर
मेरे सपनों में आ जाती है
कभी तुलसी के बिरवे के आगे,
दीप जलाती मेरी मां
कभी आंगन से आवाज लगाती,
मुस्काती मेरी मां
बरसों पहले बिछड़ गई जो,
यादों में जीवित मेरी मां।
गुड़िया खेल खिलौने छूटे,
फिर भी ढूंढे मां को मन
याद आता है बचपन प्यारा,
जी लूं फिर से अपनों के संग
कभी तो आंख-मिचोली खेलूं,
कभी लगा लूं रंग-बिरंगे पंख
वो चूल्हे पर सेंकती रोटी,
मधुर मुस्कान लिये
ढूंढे फिर से माँ को मन।
वो चंदा मामा की कहानी,
कभी जो ना हुई पुरानी

7

फिर से सुनना चाहे मन
सिमट गया सब अतीत के कोहरे में
फिर भी जाए वहीं पे मन
कभी कभी अब लगता ऐसे,
दूर गगन से मुझे बुलाये मेरी मां!

आज का दिन

वैसे तो यह दिन मेरे लिए बहुत खास है,
लेकिन फिर भी एक गहन उदासी लेकर आता है
सबसे छुप कर रहने को मन करता है,
आज से 50 वर्ज़ पूर्व मेरी शादी हुई थी
हर लड़की की तरह मेरे भी बहुत से अरमान थे,
भगवान ने मुझे सब कुछ दिया, घर-परिवार,
बच्चे लेकिन एक सुख छीन लिया...
शादी की रजत जयंती ही नहीं मना पाई तुम्हारे साथ, स्वर्ण
जयंती की तो बात ही छोड़ो
तुम्हें तो जल्दी थी जाने की
समय ही नहीं दिया कि कुछ कह पाती बस,
घायल हिरणी की तरह सब देखती रही,
और तुम्हें तो बहुत दूर था जाना
मैं तो अपने कर्तव्य से बंधी थी,
मुझे तो तुम्हारा कर्ज जो था चुकाना
जी चाहता है कि समय की धारा को मोड़ सकूं,
पर यह भी संभव नहीं
अब तो मेरा भी समय हो गया
और तुम्हारा अधूरा छोड़ा हुआ काम भी पूरा हो गया

इसलिए अब मुझे भी है जाना
तबके बिछड़े शायद मिल जाएं,
किन्तु यह भी मुमकिन नहीं अब
तुम भी कहीं और होओगे अब तक।

स्वर्ण जयंती

दिन, महीने, बरसों बीते,
बीते साल पचास,
स्वर्ण जयंती संग मनाएं,
लेकर यादों की बारात।
जीवित है आंखों में वो पल,
जिस दिन हम तुम एक हुए
सात फेरों के वचन निभाए,
हर दुःख-सुख साथ जिए।
अल्हड़ थी मैं...
और तुम भी थे नादान
फिर भी जीवन की हर मुष्ठिकल को साजन
कर दिया तुमने आसान।
जब भी कोई मुष्ठिकल आई,
तुमने मेरा साथ दिया
हर मोड़ पर साथ निभाया,
मुझको तुमने मान दिया।
सातों जनम के इस रिष्ठते का साथी
तुमने सदा सम्मान किया
मेरी हर नादानी को प्रियतम,
तुमने अपना नाम दिया।
रानी अपनी बनाकर मुझको,

ममता का सौभाग्य दिया
मेरे हर सपने को साथी,
तुमने ही साकार किया।
अब तो बस एक ही चाहत,
हर पल तुम्हारा साथ मिले
हर जनम में तुम हो मेरे,
ऐसा मुझे वरदान मिले।
चमकती रहे माथे की बिंदिया,
मांग की लाली अमर रहे
हाथ थाम कर इक दूजे का,
जीवन पथ पर साथ चलें।
बधाई हम सबकी भी,
तुम दोनों स्वीकार करो
शुभ कामनाएं हमारी ले लो,
जीवन भर यूं ही साथ रहो।

एक छोटी-सी तमन्ना

हालात ऐसे भी बदल जाएंगे,
कभी सोचा न था
अब तो यही तमन्ना है मेरे साहिब,
सबर इस कदर देना कि
रूह से दुआ ही निकले,
कोई लाख बुरा चाहे
उसे जिंदगी की हर खुशी देना
कभी राह में कांटे भी आ जाएं
तो फूलों की चादर बिछा देना
दुआओं के सिवाय तो कुछ नहीं पास मेरे,
मेरी झोली में अपनों के लिए
सदा सकून और मोहब्बत रखना
रुखसत जब जहां से हम हों
मेरे पीछे मेरी दुआओं को जिंदा रखना।

In Memory of My Late Father, Pt. Shambhu Dutt Sheronwala

आज पितृ दिवस है। हर वर्ष ही पूरी दुनिया में इसे मनाया जाता है। लेकिन जब हम छोटे थे तो हमें इसके बारे में कुछ भी पता नहीं था। तब हमारे लिए हर दिन एक समान होता था। हां, यह जरूर था कि जब आप शाम को हमारे लिए नमकीन या मिठाई लेकर आते थे, और हम सभी साथ बैठ कर खाते थे तो हमारे लिए वो किसी त्योहार से कम नहीं होता था, क्योंकि अक्सर आप अपने काम के सिलसिले में घर से बाहर होते थे, हम सब आपका इंतजार करते थे। हर त्योहार पर आप हमें ढेर सारी चीजें दिलवाते थे। विशेज़कर–मेरी गुड़िया के लिए छोटे–छोटे गहने, छोटी–सी चारपाई और कुर्सी, जिसे देख कर मैं फूली नहीं समाती थी।

शिवरात्रि वाले दिन पंचपक्तर मंदिर का मेला देखने जाना, हर बार इस दिन याद आता है। किंतु हमें तो उस समय आजकल के बच्चों की भांति 'धन्यवाद' कहना भी नहीं आता था। हां, जितने दिन आप घर में होते थे, मेरी मौज होती थी। फिर एक दिन आप हमें छोड़ कर इस दुनिया से विदा हो गये और रह गई हमारे पास बस आपकी यादें, जो अब तक रुलाती हैं। हमेशा आपकी तरह बनने की कोशिश की! किंतु आप तो केवल आप थे, मैं आपके जैसी केसे बन पाती! जैसे उमर के पड़ाव पार करती जा रही हूं, आपकी यादों के और करीब हो रही हूं!

आपके आशीर्वाद से मैं बहुत खुश हूं। सब बहुत अच्छा है। आज भी आपके अंतिम शब्द मेरे कानों में गूंजते हैं। आज कहना चाहती हूं कि आप दुनिया के सबसे अच्छे पिता थे। आप मेरे लिए एक मिसाल थे और हमेशा रहेंगे।

HAPPY FATHER'S DAY!

मेरे स्वर्गीय पिता, मेरे आदर्श

इतिहास पुरुज़ पंडित शम्भू दत्त शर्मा 'शेरांवाले'
मेरे स्वर्गीय पिता मेरे आदर्श, मेरा गौरव और मेरी पहचान

एक अरसे से मन में चाहत थी कि मैं अपने स्वर्गीय पिताश्री के बारे में श्रद्धांजलि के रूप में कुछ लिख पाउं, किन्तु वो इतने कर्मठ और जीवट वाले वयक्ति थे कि मैं सदा अपने आप को उनके बारे में कुछ भी लिखने में असमर्थ पाती। लेकिन मैं अपने पिता की पहचान समय के गर्त में खोते देखना भी नहीं चाहती थी। यही सोचकर मैंने अपनी मां या बड़े बजुर्गों से उनके बारे में जो भी सुना-जाना, अपने बचपन से लेकर बड़े होने तक उनके संरक्षण में सीखा या जिआ, उसे कलमबद्ध करके आप तक पहुंचाने का एक सुप्रयास किया।

मैं सुलेखा अपने पांच भाई बहनों में सबसे छोटी और लाडली संतान हूं। पिताजी अपने काम के सिलसिले में अधिकतर शहर से बाहर रहते, पर जब घर आते, मेरी तो चांदी होती। हर बार मेरी नई मांग होती और वो मना भी नहीं करते। जैसे-जैसे मैं बड़ी होती गई, उनकी हर बात से प्रभावित होती गई। मुझे उनके व्यक्तित्व पर गर्व होता। उनमे मुझे एक सच्चा, इमानदार और समाज के प्रति निज़्ठावान इंसान नजर आता। उनके बारे में और अधिक जानने की तीव्र इच्छा होती। माँ से उनके जीवन के बारे में सब कुछ बताने का आग्रह करती।

यह सच है की डोगरों का इतिहास ऐसे अनेक कर्मठ और उद्यमी व्यक्तित्वों से भरा हुआ है, जिन्होंने देश की सीमाओं के बाहर जाकर भी अपने श्रम और कर्मठता से निज जन्मभूमि को गौरवान्वित किया। भले ही जम्मू की नई पीढ़ी अपने इतिहास पुरुज़ों को विस्मृत कर चुकी है, पर उनके कारनामे पिछली पीढ़ी के मानस पटल पर अब भी अंकित हैं। जम्मू प्रांत में शेरावाली वैज़णो माता का नाम जन-जन के मनो-मस्तिज़्क में समाया हुआ है। इन सबके बावजूद भी ऐसे बहुत कम लोग होंगे, जो मेरे स्वर्गीय पिता श्री पंडित शम्बूदत्त शेरावाले के नाम से परिचित होंगे। इसी कारण मन में इच्छा हुई कि उनकी जीवनी के कुछ पन्ने लिखकर आने वाली पीढ़ी को अपने पिता से परिचित करवा सकूं।

मेरे पिता एक जीवट वाले डोगरा पुरुज़ थे। लगभग एक शताब्दी पूर्व वे अफ्रीका गए। अफ्रीका में अपने श्रम से न केवल व्यवसाय स्थापित किया, बल्कि वहां के शेरों से भी दोस्ती की। फिर उन्हें अपने साथ जम्मू ले आए और वहां के महाराजा को भेंट किया। तब से उनके नाम के साथ शेरावाला जुड़ गया। मेरे सबसे बड़े भाई (पूज्यनीय चाचा जी के बड़े सुपुत्र) स्वर्गीय डॉ. सत्यपाल श्रीवत्स मुझे मेरे पिताश्री के बारे में बहुत-सी बातें बड़े गर्व के साथ सुनाते थे। अफ्रीका से वापस लौटने के पश्चात् पिताश्री ने अपने निजी हितों को तिलांजलि देकर जम्मू शहर के हितों और डोगरों के शोज़ण के विरुद्ध संघर्ज़ किया।

माँ सुनाती थीं कि पिताजी के बचपन में ही कुछ ऐसी घटनाएं घटित हुई, जिनके कारण वो जीवन की हर कठिन से कठिन परीक्षा में सफल होते गए। उनका जन्म कठुआ के सुरारि गांव में सन् 1892 में शिव भगत पंडित बलदेव राज शर्मा और श्रीमति

अन्नपूर्णा के घर हुआ। 11 वर्ज़ की आयु में उनके नानाजी शिक्षा के लिए उन्हें अपने साथ बनारस ले गए। जहां वह 'कष्ठमीर धर्मार्थ ट्रस्ट' की सम्पति के जनरल मैनेजर थे। वहां पर मेरे पिता जी को वाराणसी की संस्कृत पाठशाला में प्रवेश मिल गया। शीघ्र ही अपनी कुशाग्र बुद्धि से उन्होंने वहां के आचार्यों का दिल जीत लिया। सभी को इस छोटे से विद्यार्थी में भावी संस्कृत विद्व ान् नजर आने लगा। किन्तु भाग्य ने तो उनके लिए कुछ और ही सोच रखा था।

उन दिनों डुग्गर देश में बाल विवाह की प्रथा प्रचलित थी, जिसकी भेंट चढ़कर अनेक बच्चों का जीवन असमय ही मुरझा जाता था। दुर्भाग्यवश मेरे पिता भी इसी प्रथा के शिकार हो गए। उस समय उनकी आयु केवल 14 वष की थी। विवाहोपरान्त जब उनके नाना उन्हें वापिस पाठशाला लेकर आए, तो प्रधान आचार्य ने यह कहकर कि वह एक विवाहित छात्र को अपनी पाठशाला में नहीं रख सकते, वापिस भेज दिया। इस घटना ने उनके जीवन की धारा को ही बदल दिया। मन मसोसकर वह अपने गांव लौट आए। गांव में कोई विद्यालय न होने के कारण वह निरुद्देष्ठय भटकने लगे। कहीं भी उनका चित्त नहीं लगता।

उन दिनों बहुत से लोग कारोबार के सिलसिले में अपना भाग्य आजमाने अफ्रीका जाते थे। मेरे दादा जी भी वहां चले गए। सौभाग्यवश उनका कामकाज भी वहां अच्छा चल निकला। बस फिर क्या था, पिताजी जी भी अफ्रीका जाने के मंसूबे बनाने लगे। पर उन्हें समझ नहीं आ रहा था कि वे वहां कैसे जाएं। लेकिन वे तो धुन के पक्के थे, जो ठान लेते, उसे पूरा करने के लिए पूरा दम लगा देते। लेकिन घर वालों से अनुमति मिलने की कोई आशा नहीं थी। बस एक दिन बिना बताए घर से चुपचाप निकल गए। तीन दिन का पैदल सफर तय करने के बाद जम्मू पहुंचे। वहां

से अफ्रिका जाने वाले किस दल के पीछे-पीछे रेल से कराची और वहां से समुद्री जहाज से अफ्रीका पहुंच गए। साहसी तो थे ही सफर में जरा भी विचलित नहीं हुए। दल के यात्रिओं ने भी अकेला देखकर उनकी बहुत सहायता की। मेरे दादाजी अपने बेटे को सामने पाकर बहुत ही अचंभित हुए। अन्ततः बेटे की नियति मान कर उन्हें कारोबार में लगा लिया। शीघ्र ही सारे गुर सीख कर वे कारोबार में दक्ष हो गए और अपने पिता का हाथ बटाने लगे। जब मेरे दादाजी को भरोसा हो गया कि उनका बेटा अकेले कारोबार संभाल सकता है, तो उन्होंने भारत वापिस लौटने का फैसला कर लिया।

स्वतंत्र कार्यभार प्राप्त होने पर पिताश्री जी-जान से अपने कारोबार की उन्नति में जुट गए। उन्हीं दिनों उनका परिचय केहर सिंग और हामिद सिंग नामक दो भाइयों से हुआ। वे दोनों भाई भी वहां छोटा-मोटा काम करते थे। जान-पहचान कर अच्छी दोस्ती में बदल गई, पता ही नहीं चला। पिताजी ने उनकी साझेदारी में एक कम्पनी स्थापित की। कम्पनी का नाम 'पंडित शम्भूदत्त केहर सिंग कंपनी प्राइवेट लिमिटेड' रखा गया। उन्होंने अपनी कंपनी का मुख्यालय किजाबी गांव में रखा। इस समय किजाबी गांव कांगो गणतंत्र के वर्तमान कटांगा प्रान्त में स्थित है। 20वीं सदी के प्रारंभ में कांगो बेल्जियम का एक उपनिवेश हुआ करता था, जो प्राकृतिक सम्पदा और खनिज पदार्थों से भरपूर था। प्राकृतिक संसाधनों के उत्खनन हेतु अन्य कई प्रांतों से लाए गए भारी संख्या में मजदूर और अधिकारियों के कारण इस कंपनी का कारोबार खूब फैला। दो वर्ज़ों के भीतर ही कंपनी की आठ शाखाएं खुल गईं। देखते ही देखते कम्पनी की गणना मुख्य व्यवसायी प्रतिज़्ठानों में होने लगी। अपने व्यवहार और सूझवूझ से उन्होंने न केवल स्थानीय लोगों, अपितु उच्च अधिकारिओं से भी अच्छे संबंध बना

लिए। इसी दौरान वे अंग्रेजी और किजबि भाज़ा भी सीख ली। उनकी कंपनी में 25 नीग्रो काम करते थे, जिन पर उन्हें बहुत भरोसा था।

एक बार केहर सिंग और कुछ सहयोगिओं के साथ मेरे पिताजी पिकनिक मनाने गए। दिन भर की मौज मस्ती के बाद जब वे वापस लौट रहे थे, तो एक चट्टान पर उन्हें दो शावक नजर आये। वे दोनों भूख से बिलबिला रहे थे। उनके साथियों ने शावकों पर गोली चलानी चाही, लेकिन पिताजी ने ऐसा करने से उन्हें रोक दिया। फिर वे दोनों शावकों को उठाकर घर ले आए। घर पर शावकों के लिए उन्होंने एक अलग कमरे और नौकर की व्यवस्था की। कुछ समय पष्ठचात् एक बाघ का बच्चा भी ले आए। तीनों को शुरू में पिताजी खुद बोतल से दूध पिलाते थे। बड़े होने पर उन्हें मांस के टुकड़े डालना शुरू कर दिया। वे मूक बधिर जानवर केवल अपने मालिक को ही पहचानते थे। उन मांसाहारी जानवरों के पास जाने में नौकरों को डर लगता था। अतः तीनों शावकों का पिताजी खुद ख्याल रखते और उनके साथ खेलते भी।

समय अपनी गति से चल रहा था कि भाग्य ने फिर पलटा खाया। अफ्रीका में राजनैतिक उथल-पुथल के कारण उन्हें कंपनी बंद करनी पड़ी। बहुत कठिनाई झेलने पर अंततः उन्होंने वापस अपने देश लौटने का निर्णय लिया। पिताजी ने पालतू शेरों के लिए तीन मजबूत पिंजरे बनवाये और समुद्री जहाज द्वारा भारत लौट आए। शेरों को एक जू (चिड़या घर) में रखा गया था। जम्मू में दूर-दूर से लोग शेरों को देखने आते। पिताश्री की दिलेरी के चर्चे गली गली में होने लगी। सब लोग उन्हें शेरावाला कहने लगे। इसकी चर्चा रियासत के तत्कालीन महाराजा हरि सिंह के पास पहुंची, तो उन्होंने पिताजी को अपने दरबार में शेरों सहित बुलाया। पिताजी शेर सहित जब राजभवन पहुंचे, तो उनकी बेमिसाल दिलेरी

की महाराजा ने दाद दी। पिताश्री ने अपने पालतू शेर उन्हें भेंट कर दिए। महाराजा हरी सिंह ऐसी नायाब भेंट पाकर बहुत प्रसन्न और प्रभावित हुए और उनके साथ मित्रवत् व्यवहार करने लगे। पिताश्री की बहादुरी से प्रभावित होकर महाराजा ने पांच हजार रुपये और शेरावाला उपाधि अंकित ताम्रपत्र प्रदान किया।

जम्मू के महाराजा प्रताप सिंह के जमाने में वर्तमान विधान सभा परिसर में एक अजायबघर हुआ करता था। जिसका निर्माण प्रिन्स ऑफ वेल्स के जम्मू कश्मीर रियासत के दौरे के उपलक्ष्य में किया गया था। पिताश्री द्वारा लाए गए शेरों को परेड ग्राउंड स्थित परिसर में बने चिड़िया घर के एक बाड़े में रखा गया। वहीं आजकल विधानसभा परिसर है। लोग दूर-दूर से शेरों को देखने आते। एक दिन पिंजरा तोड़कर एक शेर बाहर सड़क पर आ गया और वहां से गुजर रहे एक तांगे के घोड़े को दबोच लिया। शहर की मुख्य सड़क पर दहाड़ते खुले शेर की खबर से पूरे नगर में दहशत फैल गई। महाराजा के आदेश पर पिताश्री शेर को नियंत्रित करने के लिए बुलाए गए। घटना स्थल पर पहुंचकर उन्होंने स्थिति का जायजा लिया। शेर दूर एक पेड़ की ओट में खड़ा था। पिताश्री शेर को पुचकारने लगे। शेर के कदम पिताश्री की तरफ बढ़ा। उपस्थित लोग भयभीत हो गए। तभी पिताश्री ने शेर को उसके नाम (राजा) से सम्बोधित कर बुलाया। शेर ने अपने मालिक को पहचान लिया और आकर अपने मालिक का हाथ चाटने लगा। जब तक कि पिताजी उसे पकड़ते, वह भाग खड़ा हुआ।

मां के कहे अनुसार उन्होंने महाराजा के सिपाहियों को कहा कि यह शेर अब बागी हो चुका है, अतः इसे गोली मार दो। सिपाहियों ने उनसे ही उसे मारने की विनती की। पर पिताश्री उस शेर को बहुत प्यार करते थे, इसलिए स्वयं अपने हाथों से मारने

से इंकार कर दिया। अंततः सैनिकों को ही उसे मारना पड़ा। इस तरह उनके लाडले शेर (राजा) का अंत हो गया। मां कहती थी कि उन्होंने पहली बार पिताजी को रोते हुए देखा था। पूरे शहर में उनकी निर्भीकता के चर्चे थे। कहते हैं कुछ समय के पष्ठचात् शेरनी का भी निधन हो गया।

पिताश्री अब जम्मूवासियों के लिए कुछ करने का मन बना रहे थे। उन्होंने जम्मू में स्थाई तौर पर बसने और समाजिक तथा राजनीतिक गतिविधियों में भाग लेने का निर्णय लिया। उन्होंने जम्मू के नामचीन व्यक्तियों जिनमें सर्वश्री बालमुकुंद, ज्योतिज़ी रामकृज़्ण, डाक्टर विज़्णुदत्त और गोपाल दत्त मेंगी के साथ मिलकर 'जम्मू कष्ठमीर हिन्दू सिख नौजवान सभा' का गठन किया। इस सभा का मुख्य उद्देष्ठय जम्मू के हितों की रक्षा करना था। सभा के सदस्य चूंकि हमारे घर पर आते रहते थे, अतः मैं उन्हें मामा जी कहा करती थी।

अपने परिवार की आजीवका चलाने के लिए उन्होंने जम्मू के बिष्ठनाह में एक आटा चक्की की मशीन लगाई। मेरे पिता की पहली पत्नी का स्वर्गवास तो बहुत पहले हो चुका था। दूसरी पत्नी यानि कि मेरी माताश्री एक सभ्रांत ब्राह्मण परिवार से थी।

महाराजा हरी सिंह के साथ व्यक्तिगत सम्बन्ध होने के बा. वजूद 1936 में जब गो हत्या के विरोध में आंदोलन शुरू हुआ तो पिताश्री महाराजा के प्रशासन के विरुद्ध और गो हत्या के दोज़ियों के खिलाफ खुलकर सामने आ गए। पहले तो सरकार ने इस आंदोलन को गंभीरता से नहीं लिया और इसे दबाने के प्रयास किया। पर पिताजी के सान्निध्य में शुरू हुआ आंदोलन को किसी भी तरह दबाया न जा सका। एक महीने तक पूरा शहर और दूसरे क्षेत्र के लोग भी जलूस और भूख हड़ताल में शामिल

होने लगे गए। इस आंदोलन का उग्र रूप देखकर महाराजा को रियासत में गो हत्या पर पूर्ण प्रतिबंध लगाने का आदेश जारी करना ही पड़ा।

इसी दौरान पिताश्री ने कविता की एक पुस्तिका प्रकाशित की, जिसमें तमाम धर्मों के लोगों से गाय अपनी रक्षा की गुहार लगाती बताई गयी थी। इस कविता को सुनकर लोग अत्यंत भ. ावुक हो जाते थे। इस पुस्तक की सैंकड़ो प्रतियां निशुल्क बांटी गई। दुर्भाग्य से मेरे पास तो ये पुस्तक नहीं है, लेकिन बड़ी दीदी के कभी गुनगुनाने की वजह से इसकी एक-दो पंक्तियां मुझे अब भी याद है।

तन्न जम्मू दिन भैना ने भैना ने,
फिरि है दुहाई जग ते इना धर्मां तो रहना नई
गौ माता पुकार दी ऐ छेती आके मैदान मल्लो,
तुहानू वाजां पेयी मारदी ऐ।
मांवा बचच्यां नू केन्दिया ने केन्दिया ने,
तुस्सां धर्म निभाना निभाना ऐ
जान दी बाजी लाके, गौ माता नू बचाना ऐ।

Sisters of Jammu have taken a
pledge not to live like this,
Mother Cow is calling us,
Come, hurry up
Mothers are telling their children to
save their religion,
And to save Mother cow,
even at the cost of their lives!

पुस्तक की बाकी पंक्तियां मुझे नहीं पता, पर पिछली पीढ़ी के बजुर्ग आज भी इस आंदोलन को जम्मू प्रान्त का सबसे बड़ा आंदोलन मानते हैं। इस आंदोलन के बाद 'हिन्दू सिख नौजवान सभा' जी-जान से जम्मू के हितों की रक्षा के लिए और भी अधिक सक्रिय हो गई।

तीसरे दशक के प्रारंभ में मुस्लिम लीग ने मीरपुर में सम्प्रदायकिता का खेल खेलना शुरू कर दिया था। हिन्दुओं पर अत्याचार होने लगे तो सभा ने इसका कड़ा विरोध किया। महाराजा प्रशासन को आगाह किया गया कि यदि इसे तुरंत रोका न गया तो जम्मू में इसकी तीव्र प्रतिक्रिया होगी।

मेरे पिताश्री और उनकी यह सभा प्रगतिशील विचार रखते थे। उन्होंने शेख अब्दुल्ला द्वारा 'नैशनल कॉन्फ्रेंस' को धर्म निरपेक्ष दल घोज़ित किए जाने का स्वागत तो किया, लेकिन उनके महाराजा विरोधी रुख का कड़ा विरोध किया। सभा ने 'रोटी आंदोलन' और 'चिनैनी ऐजीटेशन' में भी सक्रिय भूमिका निभाई। पिताश्री इन सभी आंदोलनों में सबसे आगे थे। उनके ही आदेश से सब होता था।

1947 में महाराजा सरकार ने रियासत में तम्बाकू की खेती पर टैक्स लगाने का आदेश जारी किया तो किसानो में भारी असंतोज़ फैल गया। किसान आन्दोलन पर उतर आए। लेकिन एक रहनुमा के बिना वह दिशा हीन थे। जब गांव के लोगों ने पिताश्री को अपना दुखड़ा सुनाया, तो वह तुरंत अपने गांव पहुंचे। वहां उन्होंने 'किसान सभा' का गठन किया। जल्द ही इस सभा के अंतर्गत आंदोलन शुरू हो गया। आस पास के सभी गाँव के किसान एक झंडे तले इकट्ठे हो गए। किसान अलग अलग स्थानों पर धरने देने लगे। फलसवरूप सरकार के खिलाफ माहौल गर्माने लगा। पिताश्री कभी पैदल, तो कभी घोड़े पर गांव-गांव जाकर किसानों को जागृत करते और बताते कि उन्हें खेती के मौलिक अधिकार से कोई भी

कानून वंचित नहीं कर सकता। अपनी आदत के अनुसार उन्होंने इस आंदोलन को भी अंजाम तक पहुंचाया। उन पर कई दवाब डाले गए, कई प्रकार के लालच दिए गए—किन्तु अपने आदर्श से वे कभी डिगे नहीं। इस वजह से उन्हें जेल भी जाना पड़ा।

हम लोग उन दिनों गांव में रहते थे। मैं तो बहुत छोटी थी, पर थोड़ा-बहुत याद है। पिताजी के गिरफ्तारी हेतु कुछ पुलिस वाले हमारे घर के पीछे छिपे थे, मेरे पिताजी को हाथ लगाने की उनकी हिम्मत नहीं हो रही थी। पिताजी को इस बात का अंदेशा पहले ही था। उन्होंने मेरी मां को अपनी गिरफ्तारी के लिए पहले ही आगाह कर दिया था। जब सिपाही टॉर्च की रोशनी हमारे घर की ओर कर रहे थे, तो पिताजी स्वयं बाहर निकल कर उन सबको अंदर बुलाया। उनको चाय-पानी करवाते हुए वे मुस्कराकर बोले, 'मैं जनता हूं, तुम लोग मुझे गिरफ्तार करने आए हो। मैं तुम्हारे साथ चलने को तैयार हूं।' पिताजी को लेकर पुलिस चली गई। गिरफ्तारी के दौरान उन्हें बिलावर और फिर जम्मू सेंट्रल जेल में रखा। जेल में उनके साथ बहुत अच्छा सलूक किया जाता था। सब उनकी निर्भीकता के कायल थे।

मां उनके स्वाभिमान की एक किस्सा सुनाती थी। एक बार महाराजा ने पिताश्री को चांदी के कलश में कुछ मोहरे और कीमती रत्न भेंट किए थे, लेकिन उन्होंने अपने साथ खड़े पुरोहित को वह कलश थमा दिया। महाराज ने हंसकर कहा पंडित जी एक बार देख तो लेते। इस पर मेरे पिता जी ने उत्तर दिया, 'यदि देख लेता तो सम्भवत: मेरे मन में लालच आ जाता।'

महाराजा के कई बार कहने पर भी उन्होंने उनसे कोई सहायता स्वीकार नहीं की—वे इतने उच्च चरित्र के स्वामी थे। वह अपनी खरी कमायी से बनाये हुए मकान में परिवार के साथ रहते थे। उनके सान्निध्य में हम सब उसी मकान में बहुत प्रसन्न थे। परिवार

25

का भरण-पोज़ण वह अपनी मेहनत से ही करते थे। आज के नेताओं की तरह उन्होंने राजनीति को टकसाल नहीं, अपितु समाज सेवा का माध्यम बनाया।

उनके सचरित्र और निस्वार्थ सेवा से प्रभावित होकर जम्मू के जाने-माने लाला मुलखराज सराफ और नरसिंह दास नरगिस ने अपने समाचार पत्रों 'रणवीर और चाँद' के माध्यम से उनके प्रत्येक आंदोलन में उनका साथ दिया। किसान आंदोलन के बाद पिताश्री ने गांव में रहकर किसानों के हित में काम करने का फैसला किया। 1945-46 में रियासती सरकार ने जब प्रजा सभा चुनावों की घोज़णा की तो पिताश्री ने कठुआ क्षेत्र से चुनाव लड़ने का मन बनाया। चुनाव प्रचार में उन्होंने बसहोली में स्थानीय तहसीलदार और पटवारियों द्वारा किसानों पर किए जा रहे शोज़ण के विरुद्ध आवाज बुलंद की और उनकी घूसखोरी को उजागर किया। यही नहीं, उन्होंने अखबारों में रिष्ठवतखोर अधिकारियों के खिलाफ एक तरह से जिहाद छेड़ दिया। इसका खामियाजा उन्हें आगामी चुनाव में भुगतना पड़ा। जिन अधिकारियों का उन्होंने पर्दाफाश किया था, उन्होंने हीज़ाड्यंत्र रचकर पिताश्री को चुनाव में हरा दिया। हालांकि अपनी लोकप्रियता के अनुरूप उन्हें सबसे अधिक वोट प्राप्त हुए थे। 1947 में देश के विभाजन के बाद जब शेख अब्दुल्ला रियासत के प्रधान मंत्री बने तो जम्मू प्रान्त में अफरा-तफरी का माहौल बन गया। बहुत से लोग शहर छोड़कर सुरक्षित स्थानों पर चले गए। ऐसे हालात में पिताश्री ने 'अमन कमेटियों' का गठन किया।

पिताश्री को बिलावर, बसोली और बनी के इलाको का एमर्जेन्सी अधिकारी नियुक्त किया गया। उन्होंने गांव-गांव का पैदल दौरा किया। वे जहां भी जाते, शांति और सौहार्द का संदेश देते। उनके अथक प्रयत्नों से पूरे इलाके में शीघ्र ही शांति बहाल

हो गई। इसके बाद जब पंचयातों का गठन हुआ, तो उन्हें स्यालना पंचायत का सर्व प्रथम सरपंच नामित किया गया। उन्होंने जी-जान से अपनी पंचायत के विकास के लिए काम किया। 1953 में शेख अब्दुल्ला के चंद सिद्धांतो पर मतभेद हो जाने पर पिताश्री ने उनका साथ छोड़ दिया और पंडित प्रेम नाथ डोगरा के नेतृत्व में चल रहे आंदोलन में शामिल हो गए।

उनका देहांत 1968 में 80 वर्ज़ की आयु में हुआ। मैं उस समय जम्मू वुमन कॉलेज में बी.ए. फाइनल वर्ज़ में थी। अपने पिता को खोना मेरे लिए बहुत बड़ा सदमा था। मैं उनके बहुत करीब थी। दो बड़ी बहनों की शादी हो चुकी थी। मैं उनकी सबसे छोटी और लाडली संतान थी। मेरे से बड़े दो भाई थे, अभी उनकी भी शादी नहीं हुई थी।

मेरे पिता की एक-एक याद, उनकी हर एक सीख, उनका असाधारण वयक्तित्व मेरे रोम-रोम में बसा है। मुझे हमेशा उन पर गर्व रहेगा।

मेरे दोनों बड़े भाइयों में से बड़े भाई विजय शर्मा अब इस दुनिया में नहीं हैं। वे जम्मू में प्लालनग विभाग में उच्च पद पर रिटायर हुए थे। वे जम्मू के नाटक कलाकार और डोगरी समाचार के वाचक थे।

मेरे दूसरे बड़े भाई श्री रवि शर्मा जम्मू सेंट्रल को ऑपरेटिव बैंक के मैनेजिंग डायरेक्टर के पद से रिटायर हुए।

मेरे सबसे बड़ी बहन के दो बेटे हैं। बड़ा बेटा अपना बिजनेस तथा छोटा बेटा (अनिल उपाध्याय) अपने नाना के सेवा व्रत को जारी रखे हुए है। उसने यंग ब्लड एसोसिएशन का गठन और नेतृत्व करके हजारों रोगियों की जान बचाई। वह अब भी समाज व देश सेवा के पथ पर सदा अग्रसर है। मेरी दूसरी बहन का बेटा इंडियन नेवी में कप्तान के पद पर रिटायर होकर दिल्ली में ऊंचे

पद पर नौकरी कर रहा है। मैं अपने बहु-बेटे के साथ इंग्लैंड में रह रही हूं। मेरी बेटी जम्मू में सभ्रांत ब्राह्मण परिवार में ब्याही है, मेरे दामाद इंजीनियर के पद पर आसीन हैं।

मेरे पिताश्री आजकल के नेताओं की भांती विरासत में अतुल धन सम्पति नहीं, बल्कि सेवा भाव, स्वाभिमान और स्वर्णिम आदर्श छोड़ गए हैं–जिन्हे उनके वंशज ने शिरोधार्य किया है।

दीदी

एक युग बीत गया हो जैसे, बिछड़ी थी जब दीदी मां से उनके
जैसा पावन स्नेह अब पाउंगी अब और कहां से

स्नेह की मूरत, ममता की देवी, और कहां अब हमें
मिलेगी बनकर मीठी याद हमेशा, मेरे मन में सदा रहेगी

बूझ लेती थी मन की बातें, जो न कभी मैं कह पाती थी पढ़
लेती थी दर्द आखों का, जिसे छिपाना मैं चाहती थी

अब भी मुझसे दूर कहां हो, मेरे दिल में रहती हो गुपचुप-गुपचुप,
चुपके-चुपके, बीते पल याद करा जाती हो

कभी दुविधा में मैं घिर जाऊं, साहस बनकर आ जाती हो मूक
स्वरों में थाम के उंगली, रास्ता पार करा जाती हो

नमन मेरा स्वीकार करो तुम, श्रद्धा से नत नयन हैं मेरे
दूर रहकर भी पास हो दीदी, जी रही हूं भले बिन तेरे

मेरी प्रेरणा, मेरी शक्ति, मेरा साहस, मेरी मां जैसी दीदी आपको
शत-शत प्रणाम्!

दीदी का अंतिम संदेश

यह मेरी पहली रचना है, जो मैंने अपनी मां समान दीदी के निधन वाले दिन लिखी थी। उस रात मन बहुत बैचेन और दुखी था, तो बस अपने आप शब्द दिल से निकलते गए और मैं उन्हें पन्ने पर उतारती चली गयी।

हम तो जाते बैकुंठ धाम, सबको अपनी राम राम!
आबाद रहो मेरी बगिया के फूलो, कुछ बातें तुम कभी ना भूलो,
जग में अच्छा कर्म कमाओ, इक दूजे का मान बढ़ाओ।
मां तुम्हारी आशीज़ यह देती, आयुज़्मान् यशस्वी कहलाओ,
दुख-दुविधा में धैर्य न खोना, तप कर ही बनता है सोना।
यह जीवन नष्ठवर है बच्चो, इस जीवन को प्यार से जीना,
मां का ऋण तो है तुमने चुकाया, पितृ ऋण अब भी है बकाया।
देखो, इससे मुंह ना मोड़ो, अपनी मां का दिल ना तोड़ो, साजन
मेरे तुम्हें प्रणाम, जाती हूं मैं प्रभु के धाम। बनके रही तेरे घर की
रानी, अब तो हूं मैं प्रभु की दीवानी, छोड़ चली अब साथ मैं
तेरा, देखूंगी अब रस्ता तेरा।
साजन मन मैला ना करना, तेरा मेरा साथ था इतना
संग में मेरी यादें रखना, मेरी बगिया प्यार से तकना,
साजन, तू इस बगिया का माली, देखो ना मुरझाए कोई डाली,
तुम तो साजन छत हो घर की, देखो, इसे कमज़ोर न करना।

देखो, अब प्रभु का रथ आया है, मेरा समय निकट आया है,
  लेती हूं मैं तुमसे विदाई, नींद बहुत है मुझको आई।
  डोली में आई थी साजन, कंधे पे जाए तेरी सुहागिन,
  ले लो मेरा अंतिम प्रणाम, सबको मेरी राम राम!

शीतल झरने-सी

शीतल झरने-सी बहती है
ममता सदा लुटाती है
आंचल की छाया देती है
पीर-पैगंबर जनती है
ईष्ठवर का स्वरूप होती है
वो जग में मां कहलाती है।
गंगा जैसी पावन है
ऋतुओं में सुखमय सावन है
ईष्ठवर का अनमोल वरदान है
वो संतान के सुख में जीती है
वो जग में मां कहलाती है।
मुस्कान लबों पर रहती है
फूलों की नाजुक डाली है
पर हर मुष्ठिकल में ढाल बन जाती है
वो जग में मां कहलाती है।
रातों में लोरी गाकर हमें सुलाती है
जादू की जप्फी देती है,
हर बला से हमें बचाती है
हमें सूखे में सुलाकर
खुद गीले में सो जाती है
वो जग में मां कहलाती है।

जिसकी गोद में आंखें खोलीं वो है
बच्चों की पहली हमजोली
जीने का अर्थ सिखाती है
हर मोड़ पे साथ निभाती है
वो जग में मां कहलाती है।
हमको चलना सिखलाती है
गीता का ज्ञान सुनाती है
प्रथम गुरु कहलाती है
वो जग में मां कहलाती है।
अब सुन लो मेरा संदेश प्यारो
जब तुम सक्षम हो जाओगे,
जीवन का लक्ष्य पा जाओगे
तो हरगिज ये मत भुला देना
सफल राह में छिपी है आशीज़ मां की
थोड़ा-सा श्रेय, थोड़ी-सी मोहब्बत
उस मां को भी तुम दे देना
वो हर खता माफ कर देती है
क्योंकि वो तो मां कहलाती है।

स्नेह की मूरत

स्नेह की मूरत, ममता का सागर,
हृदय में लेकर प्यार अपार
ईश्वर ने भेजा है मां को देकर
अपना रूप नायाब।
बिछड़ी थी मां बरसों पहले,
लेकिन जीवित है मेरे दिल में
मूंद लेती हूं जब भी आंखें,
आ जाती है वो पल भर में।
वो प्यारा-सा चेहरा मां का,
बचपन की याद दिलाता है
मां जैसा न दिखता कोई,
मन तरस के रह जाता है।
अब तो समय अपना भी आया,
पर कुछ सोच के मैं मुस्काती हूं।
दिल चाहता है मां, फिर
तेरी बेटी बन कर आऊं मैं
खेलूंगी फिर गोद में तेरी,
फिर वो ममता पाऊं मैं।
पहले थी मैं छोटी सबसे,
अब बड़की बन कर आऊं मैं
अपने बाल हठ से मैया

तुझको खूब सताऊं मैं।
नमन है मेरा हर मां को,
मां है जग में सबसे महान
शीश झुका कर हर जननी को
हम सब करते हैं प्रणाम।

अतीत

भुलाना चाहूं अतीत मैं अपना, पर ना इसे भुला मैं पाऊं
अपने मन की पीड़ा को, हंसी की चादर तले छिपाऊं।
बीते लम्हों की पीड़ा को दफनाया था मन के किसी कोने में
लगी रही मैं फर्ज निभाने पत्थर रख अपने सीने पे।
याद कभी भी जब तुम आए, गुपचुप मैंने आंसू बहाए
इस डर से कि दर्द यह मेरा कहीं अपनों को नजर न आए।
संवार दिया जीवन इनका अपने अथक परिश्रम से,
पर अब थक गये हैं तन-मन दोनों आंसू भी सैलाब हैं बन
गये। रिसने लगे हैं जख्म यह मेरे, पीड़ा अब यह सही ना जाए
कौन है आ करके जो हमदर्दी का मरहम लगाए।
घायल तो मुझको तुमने भी किया था, दर्द तो तब भी बहुत
पिया था पर जीवन में लक्ष्य था भारी, मेरे कंधों पर थी मेरे घर
की जिम्मेवारी। बहुत थक चुकी हूं अब मैं, चिर निद्रा में सोना
चाहती हूं
पल पल तिल तिल मैं मरती हूं, पास तुम्हारे आना चाहती हूं।
चाह है दूर कहीं निकल मैं जाऊं, वापिस लौट के फिर ना
आऊं बोलो, आओगे क्या मुझको लेने, अब यह पीड़ा सह ना
पाऊं।

भूल नहीं पाती हूँ मैं

अपने देश के खेत-खलिहानों को, हरियाले चाय बागानों को
गंगा की निर्मल धारा को, कश्मीर के हसीन नजारे को
भूल नहीं पाती हूं मैं।
सागर की मस्त हिलोरों को, मेले में लगे हिंडोलों को
होली औ' तीज दीवाली को, उगते सूरज की लाली को
भूल नहीं पाती हूं मैं।
अपने गांव की गलियों को, त्योहारों की रंगरलियों को
चूरन की खट्टी गोली को, सखियों की भोली टोली को
ममता की मीठी लोरी को
भूल नहीं पाती हूं मैं।
सावन की मस्त घटाओं को, पीपल की ठंडी छांव को
पनघट पर बैठी गोरी को, गन्ने की मीठी पोरी को
भूल नहीं पाती हूं मैं।
बाबुल के प्यारे आंगन को, ससुराल के पहले सावन को
बचपन की मीठी हाथा-पाइयों को, बिछड़े बहनों और भाइयों को
भूल नहीं पाती हूं मैं।
यौवन की मीठी यादों को, साजन से किए गये वादों को
वो चूड़ी भरी कलाई को, और प्यार की गहराई को
जो सपने पीछे छूट गये, लगता है मुझसे रूठ गये
भूल नहीं पाती हूं मैं।

दो चंचल प्यारी आंखों को, जो रस्ता मेरा तकती हैं
कभी रोती हैं कभी हँसती हैं, कभी मुझको पास बुलाती हैं फिर
नींद से मैं जग जाती हूं, बरबस आवाज लगाती हूं,
उदास ना होना बिटिया मेरी, मुझे याद तेरी बहुत आती है।

मां! नमन आपको

मां तेरी तस्वीर को देख कर
नम हो उठीं आंखें मेरी
व्यथित हो गया था मन मेरा
लग रहा था यूं मुझे,
तुम भी कुछ कहना चाहती हो
अपनी लाडली बिटिया से,
जो बरसों बाद तेरे घर आई आंगना में,
मैं खड़ी खड़ी ढूंढ रही थी
वो तुलसी का बिरवा
जहां हर रोज सांझ को जलाती थी तुम दिया,
वो लौ दीपक की और मौन तुम्हारी आंखें,
हम सबके लिए दुआ मांगते, जुड़े हुए दो हाथ
श्वेत किनारे वाली धोती में सौम्य तेरा वो रूप
फिर जानती हो मां?
उसी जगह ठोकर खाकर फिसल गयी थी मैं
पल भर को लगा जैसे तुम्हारे नर्म हाथों ने
थाम लिया हो मुझको
मां! पीहर में सबने मुझे पलकों पे था बिठाया
मेरा हर नाज भी सर-आंखों पे उठाया
पर मां की याद, वो ममता,
नि:स्वार्थ प्यार, मां का कोमल स्पर्श,

मां की गोद में सर रख कर,
मिलने वाला सकून नहीं मिल पाता!
सिर्फ वो मीठा एहसास हमेशा के लिए संग रह जाता!मां!
यूं तो हर दिन मां के लिए ही होना चाहिए
जिसने हमें यह खूबसूरत जिंदगी दी
जीवन का हर सुख दिया, और लांखों दुआएं दीं
पर आज मातृदिवस पर मैं आपको नमन करती हूं
और आज मैं हर एक मां को प्रणाम करती हूं।
मातृदिवस पर मेरी प्यारी मां की याद में छोटी से भेंट!

चांद मेरा खो गया

रात काली सर्द-सर्द
दिल में था इक चुभता-सा दर्द
झांक कर खिड़की से देखूं,
नीला अंबर सुरमई हो गया,
सिमट कर छोटा हो गया,
है चांद मेरा खो गया,
है चांद मेरा खो गया!
ओढ़ कर काली घटाएं,
चांदनी को संग लेकर
शायद वो छिप कर सो गया
है चांद मेरा खो गया,
है चांद मेरा खो गया।
बेचैन-सा है मन मेरा,
रूठी है शायद नींद भी
हूक से उठती हिया में,
बदलती हूं करवट जभी
है चांद मेरा खो गया,
है चांद मेरा खो गया।
है कहीं मुझको यकीन,
घूमने निकला तू होगा

चांदनी को संग लेकर,
झूमता इठलाता तो होगा
कोई अपना देख तुझको,
मन में मुस्काता तो होगा
फिर कवि कोई देख तुझको,
रचना नई करता तो होगा।
मूंद कर आंखों को अपनी,
हूं पीछा तेरा कर रही
गहरी नीली झील में तेरा प्रतिबिंब,
अब भी मुझको मोह रहा
पहाड़ियों की ओट से चीड़ के पेड़ों के बीच,
झांकता तू अब भी होगा
और फिर यह रूप तेरा,
धरा पर अमृत टपकाता तो होगा।
जी चाहे तुझको थाम लूं,
मैं अपनी दोनों हथेलियों में
कस के अपने बाजुओं में,
भींच लूं बड़े लाड़ से
पर यह मुमकिन है नहीं,
जानती हूं इतना भी मैं
बहुत पीछे छोड़ आई,
उस हसीन मंज़र को मैं
जहां खुले अंबर तले,
ताकती थी मैं तुम्हें
और ओढ़ लेती थी
दूधिया चांदनी की चुनरी को मैं
वो देस था अपना मेरा,

गुज़रा था वहां बचपन मेरा
अब सांझ जीवन की हो गयी,
नज़रें भी धुंधली हो गई
पष्छिचम की सर्द फ़िज़ाओं में,
है चांद मेरा खो गया,
है चांद मेरा खो गया।

हरी का द्वार

हरी का द्वार बड़ा ही पावन, इसमें रहते हैं मनमोहन
इसकी हर इक छटा निराली, मन को शीतल करने वाली
हर की पौड़ी पर मैं आई, आंख खुशी से मेरी भर आई
सामने गंगा लेती हिलोरें, धन्य हो गये नैना मेरे
डुबकी गंगा में लगाओ, गुण गंगा मैया के गाओ।
इत उत देखूं इत उत डोलूं, जै जै गंगा मैया बोलूं
जगमग जोतें ऐसे चमकें जैसे चांद और तारे दमकें
पूजा-अर्चना यहां करवाई, वापस शान्ती कुंज मैं आई
मिट गये मन के सभी कलेश, जब मैं पहुंची ऋज़िकेश
सामने देखा लक्ष्मण झूला, मुझको अपना सबकुछ भूला
नैना हर्ज़ से मेरे छलके, फिर भी पलक ना मेरी झपके
नीचे पावन गंगा बहती, बीते युग की कथा सुनाती
घूम के गीता भवन, स्वर्ग आश्रम, आ पहुंची मैं परमार्थ निकेतन
हे प्रभु! मैं अपना शीश झुका कर करूं प्रणाम, तूने बुलाया अपने धाम।
यह तो अहो भाग्य हैं मेरे, दर्शन हो गये मुझको तेरे
हर मंदिर की छटा निराली मन को हर्ज़ित करने वाली
आगे राम झूला आया, मैंने अपना शीश झुकाया
ली फिर वहां से मैंने विदाई, वापस शान्तीकुंज मैं आयी
यह है मां वैज़्णो का धाम इसको कोटी कोटी प्रणाम
अति सुंदर गुफा बनाई, मां कटरे से हरिद्वार है लाई

बान गंगा आदकुंवारी, मां की प्रतिमा बड़ी ही प्यारी
यहां पर अपनी झोली भर लो दर्शन ज्योतिर्लिंगों के कर लो
बाबा भोले नाथ के रूप निहारो, इस पर अपना सब कुछ वारो
कर ली चंडी दर्शन की तैयारी, ले ली ऊड़नखटोले की सवारी
यह सफ़र था बड़ा निराला, इसने तन–मन पावन कर डाला
दर्शन मां चंडी का पाया, श्रीचरनों में शीश झुकाया
विदा मां चंडी से लेकर, आ पहुंची मैं कनखल
देखी राजा दक्ष की यज्ञशाला, जिसमें सती ने आत्मदाह था कर डाला
मंदिर नागनाथ का देखो, माथा पावन मन से टेको
यहां पर निर्मल गंगा बहती, मोक्ष के लिए हमें बुलाती
पूजा अपने मोक्ष की कर लो, अपनी अंजुली में जल भर लो
दे दो पितरों को भी पानी, यह है यहां की रीत पुरानी।
चाह थी मेरे जीवन साथी, संग तेरे मैं यहां पर आती
दूर गगन पर डेरा तेरा, रस्ता तकना अब तू मेरा
आ पहुंची फिर मैं पावन धाम, मेरा शत–शत तुम्हें प्रणाम
अनेक मुद्रा में दिखे मुस्काएं, कहीं शिव शक्ती पास बुलाएं
प्रभु हैं एक रूप अनेक, छिन गया मेरा सारा विवेक
हाथ जोड़ कर किया प्रणाम और वहां से किया प्रस्थान
आज फिर कर ली मैंने तैयारी, आज मां मनसा की है बारी
ऊंचे परबत पर मां का डेरा, मन विचलित था थोड़ा मेरा
ले चला उड़नखटोला मुझको उस पार, जहां था मां का पावनद्वार
भीड़ यहां थी बहुत ही भारी, फिर भी शोभा थी अति न्यारी
श्रद्धा से मैंने शीश झुकाया, मां को अपना हाल सुनाया,
मां तू मेरी बिनती सुनना, मनोकामना पूरी करना
कुछ देर वहां सुस्ताई, वापस शान्ती कुंज मैं आई
सप्तऋज़ि आश्रम मैं घूमी, यह है ऋज़ियों की तपोभूमि
देख पांडवों की स्वर्ग यात्रा, आ पहुंची मैं गंगा घाट

इसके भी हैं निराले ठाठ
सात धाराएं एक होती हैं यहां मिलकर
इसको कहते हैं सप्त सरोवर
कल करना है अंतिम स्नान, फिर कर लूंगी मैं प्रस्थान
समय वापसी का आया, मन कुछ मेरा है भर आया
प्रभु बड़ी अनुकंपा है यह तेरी, इच्छा पूरी कर दी मेरी
गंगा मैया सदके तेरे, फिर कब दर्शन होंगे तेरे
करती हूं तुमको प्रणाम, जल्दी बुलाना अपने धाम।

मानस मंथन

आज न जाने यादों की डोरी थामे कैसे इतने वर्ज़ पीछे जा पंहुची। शायद बिटिया रानी की बहुत याद आ रही है। जानती हूं, इन दिनों बहुत परेशान है! मैं इतनी दूर-सात समुन्दर पार उसकी परेशानी नहीं बांट पाती। बहुत ही कोमल-सी बच्ची थी लाडली मेरी! कब इतनी समझदार और सयानी हो गयी, खुद आष्ठचर्य होता है। मेरे जीवन में बहुत खुशियां लाई मेरी बच्ची, मेरी पहली संतान, माँ बनने का गौरव दिया!

मातृत्व का मीठा एहसास!
बस फिर तो मेरा जीवन पूर्ण होने लगा!
मन के आंगन में फूली सरसों, छाई खुशियां चारों ओर
देख के अपनी नन्ही रचना, नाच उठा मेरे मन का मोर!
खुशियों ने घर देखा मेरा, दस्तक दी दरवाजे पे
थाम के उंगली इन खुशियों की, नन्हा अतुल मेरे घर आया।
मन ही मन मैं मुस्काऊं इतराऊं बलिहारी-जाऊं
नजर उतारूं, गले लगाऊं, सौ सौ शगुन मनाऊं।
समय की गति तेज हो गयी, बिटिया पर फिर यौवन आया
मां का आंगन छोटा पड़ गया, अपना घर-संसार बसाया।
उपहार दिया मुझे जान से प्यारा, मां से मुझे नानी बनाया
नाती और नातिन देकर, ससुराल में मेरा मान बढ़ाया!

बढ़ने लगा परिवार हमारा, अतुल भी अपनी संगिनी लाया
सुन्दर प्यारी बहू बिटिया पाकर जीवन में फिर रस आया!
दूर हुआ सूनापन मन का जब आरव आर्यन संग घर में आया
वही भोलापन, चंचल आंखें, मानो अतुल का बचपन लौट के आया।

बंद दरवाजा

बंद दरवाजे, खुली खिड़कियां, देखती हूं हिलते पेड़ों को
आवारा बादल के टुकड़े रुकने का जो नाम न लेते
बरस उठते हैं जब तब, लगता है आंसू हैं मेरे
वही गगन वही चांद सितारे, कुछ कुछ अपने, पर बेगाने हैं सारे
सूनी आंखों से मैं ताकूं बार बार खिड़की से झांकूं
सबका सब धुंधला-सा हो गया है, लगता है मन पगला-सा गया है
कहने को सब पास है अपने, लेकिन अपने साथ नहीं है
जी भर कर स्नेह लुटाना चाहूं, पर तुम तक मैं पहुंच न पाऊं
दिल में रहकर भी दूर बहुत हो, इक अजनबी से लगने लगे हो
ममता लागे झूठो तुमको, मां का स्नेह छलावा लगता है
लगता है कहीं चूक-सी हो गयी, वर्ना तुम ऐसे तो न थे
मत दो इतना दर्द मुझे, जिसको मैं सह ना पाऊं
सांस टूटने से पहले ही प्राणों की आहुति दे जाऊं।

मुस्कुराहटों में छिपा है दर्द

इस मुस्कुराहटों में छिपा है दर्द कितना
जब तुम ही ना समझ पाए,
तो गैरों से गिला हम कैसे करें।
बस, खता हमसे हो ही गई,
जो हर दर्द से अनजान किया तुमको
आज तुम ही मुजरिम करार दे दो
तो शिकायत किससे करें?
दिन रात दुआएं मांगी थीं जिनकी सलामती की,
आज वो ही दुष्ठमन समझ बैठें, तो कहो कैसे सहें?
कभी आंसू भी दगा देते हैं तोड़ कर हर बांध छलक आते हैं,
अब इस पर भी इल्जाम लगा दे कोई तो हम कैसे जिएं?
बहुत कुछ तो न मांगा था कभी,
थोड़ी खुशी, इत्ता-सा सकून और प्यार मांगा था,
इतनी रहमत भी न कर पाये तो तुम्हें दाता हमें कैसे कहें?
कर दे जरा कर्म हम पर,
मेरे आशियाने को मायूसी से मुक्त कर दे
खुशियों से खिला दे यह चमन मेरा
देने वाला है एक तू ही, झोली मेरी भी भर दे
तेरे दरबार में आकर इतनी मायूसी अब कैसे सहें?

मेरे दो अनमोल रतन

मेरे दो अनमोल रतन, मेरी मुस्कान मेरे नयन
इन बिन आंखें कुछ न देखें, जग लगता अंधियारा
जब जब इनसे दूर रहूं, सूना लगे जग सारा
भोली-सी मुस्कान पे वारूं दुनिया का सुख सारा
मेरे घर की रौनक हैं, इनसे ही घर उजियारा।
दोनों मेरी आंखों के तारे, ठुमक ठुमक जब चलते
मानो धरती झूम रही हो, इनकी आहट सुनके
दादी कहके आवाज लगाते, कानो में मिशरी-सी घुलती
गले से जब लग जाते मानो मैं फिर जी उठती
दुनिया में सबसे बड़ा सुख, जब नाती-पोते घर आंगन में खेलें
ईश्वर की अनुकंपा रहे सब पर, मिलजुल कर खुशियां जी लें।

इक छोटे से अंकुर को

इक छोटे से अंकुर को जीवन के सांचे ढाला,
जीवन की हर पीड़ा सह कर हमको तो नाज़ों से पाला,
रात-रात भर जाग-जाग कर, लोरियां गाकर हमें सुलाया,
जीवन की हर धूप-छांव में, अपने आंचल तले छिपाया,
अच्छे-बुरे का ज्ञान सिखा कर, जीवन का रहस्य बताया,
थाम के अंगुली जीवन पथ पर हम सबको चलना सिखलाया,
पहला बोल जो बोला हमने, मां को ही आवाज लगाई,
पहला कदम बढ़ाया जब तो, मां ने अपनी अंगुली थमाई,
पहला निवाला मुंह में डाला, मां के कोमल हाथों ने,
ठोकर जब भी खाई हमने, थामा मां के हाथों ने,
कभी डांट से, कभी प्यार से, जीवन से लड़ना सिखलाया,
भूखे पेट भी रहकर मां ने, बच्चों को परवान चढ़ाया,
ले लेती हर विपदा खुद पर, लेकर के बच्चों की बलाएं,
मां जैसा ना कोई दूजा, इतना भी हम समझ ना पाएं,
बढ़ जाते जीवन में आगे, चंद लम्हे ना मां को दे पाएं,
हमको तो बढ़ना है आगे, बिना लिए ही मां की दुआएं,
अरे ना भूलो कभी भी यह तुम, मां के कदमों में जन्नत है,
ईश्वर का वरदान है मां, मां की पूजा में ही सुख है,
सब कुछ मिल जाता जीवन में, मां का स्थान ना कोई ले पाए,
मां की ममता का भरा खजाना, बिना मोल हर खुशी लुटाए।

बिटिया! कैसे भुलाऊं मैं

नाजों से पली मेरी बिटिया, कैसे तुम्हें भुलाऊं?
जुल्म हुआ जो तुम पर, उसका प्रतिशोध कैसे ले पाऊं?
सुलग रही है आत्मा मेरी, किसे ये पीड़ा दिखलाऊं?
तुझे किया अग्नी के हवाले, अब कैसे जी पाऊं?
तिल-तिल मरते देखा तुमको, सिसकी ममता मेरी
पर ये अन्धी-बहरी हकूमत, समझी ना पीड़ा मेरी
देश के रखवालों ने भी किया प्रपंच क्या खूब
घड़ियाली आंसू बहाकर कर दिया सबसे दूर
गर्व है मुझको तुम पर बिटिया, लड़ी लाज की खातिर
पर जीत गया जुलम इस कलयुग में, फेंका तुम्हें सड़क पर
आज भी भूखे भेड़िए हर नुक्कड़ पर लूट रहे नारी को
फिर भी हम यही कहते हैं, नारी शक्ती, नारी काली,
नारी ही लक्ष्मी है
अरे दरिन्दो, नारी मां है, नारी बहन है, नारी बेटी और पत्नी भी
रूप भले ही भिन्न हों उसके, पर सदैव वंदनीय है
उसी कोख को लज्जित करके कब तक जी पाओगे
घड़ा पाप का जब भर जाएगा, मर कर भी चैन न पाओगे।

जीने की चाह

मां अब दर्द सहा ना जाये, सोना चाहूं मैं गोद में तेरी
आंचल की छांव कर दे मुझ पर, सुना दे मुझको लोरी
जीने की चाह बहुत थी मां, पर मौत के साये घेर रहे हैं
इक इक घाव दिया जो दुज़्टों ने , जीवन का रुख मोड़ रहे हैं
काश, मैं नन्ही बच्ची ही रहती, छिप जाती आंचल में तेरे
पड़ता न कोई बुरा साया मुझपे, दूर ना होती तुमसे
लेकिन नारी होना, बन गया गुनाह मां मेरा
कुचला बेरहमों ने निर्दयता से टूटा सपना मेरा।

My mother

My father

My family

My brother-in-law and elder sister

My elder sister

My husband and I

With my son and daughter-in-law

With my grandkids: Aarav and Aryan and
my son Atul

With my grand daughter Annanya

With my grandson, Ayush

With my daughter Rachna

With my daughter and son-in-law

With my sons-in-law Shivdeep and Ashish,
grand daughter Annanya, niece Kanchan and
daughter Rachna

With my nephew Anil and his wife Reeta

With my son-in-law Ravi and my nieces

With my grandkids: Veenuj, Tushar, Tanuj,
Anirudh

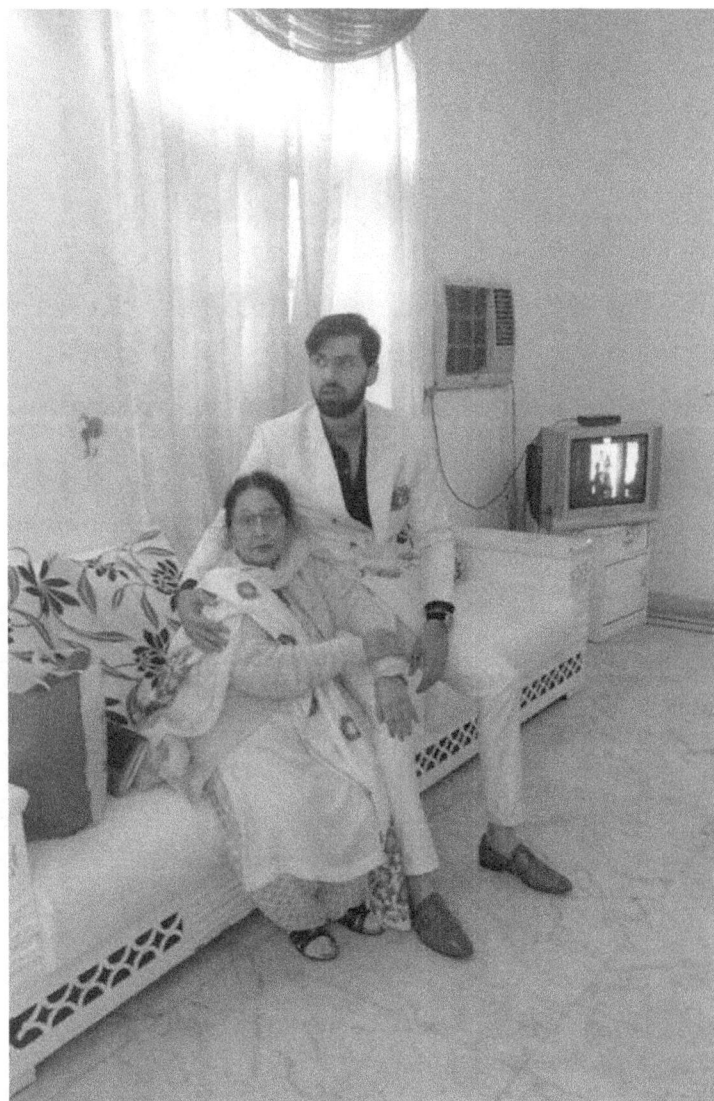

With my grand daughter Sheena

With my grand daughter, Hina

With my niece, Vipula and her daughter

With my grandson Tanuj

भाग-2

जरा गौर कीजिए

होती आरती बजते शंख,
पूजा में सब खोए हैं।
मंदिर के बाहर देखो,
भूखे बच्चे सोए हैं।
एक निवाला इनको देना,
प्रसाद मुझे चढ़ जाएगा।
मेरे दर पर मांगने वाले,
तुझे बिन मांगे सब मिल जाएगा।

संदेश

ओ राही देश को जाने वाले, संदेश मेरा तू लेता जा!
मेरा देस बसा मेरी यादों में, हर धड़कन में याद सताती है
मेरे मन में बसा है वो आंगन, जहां गुजरा था मेरा बचपन,
वो यादें मुझे रुलाती हैं...!
जहां पाई थी मां की ममता, और संरक्षण अपने बाबुल का
उस माटी की खुशबू मुझको अब भी बेकल कर जाती है,
लगता है बांहें फैलाए हुए, मेरी अम्मा मुझे बुलाती है।
खेली थी जहां सखियों के संग, वो गलियां मुझे बुलाती हैं
जहां लाड़ लड़ाए बहनों ने, वो पल फिर जीना चाहती हूं।
कहना तू भाई से मेरे, कितने सावन हैं बीत गए
राखी न भाये बिन तेरे...!
काश! वो दिन मेरे बचपन के लौट के फिर वापिस आते
मिल लेते तीज-त्योहारों पर, फुरसत में बैठ के बतियाते।
वही रहती हैं लाडली बिटिया मेरी, जो राह सदा मेरी तकती है
इक युग बीता उन्हें देखे हुए, बस सपनों में आ जाती है
नम आंखों से तकती मुझको, और मुझे पास बुलाती है।
मेरी नन्ही नातिन, मेरी प्यारी गुड़िया
मेरा आंचल खींच के कहती है,
नानी, अब तो आ जाओ, तुम बिन डोली में न बैठूंगी।
तुमसे है सदा मेरी ओ जाने वाले!
उन हवाओं को मेरा सलाम देना, जो छूकर जाएं मेरे अपनों को

कुछ यादें, कुछ बीते पल, ले आना तू संग अपने
मैं चूमूंगी उन राहों को, जिन राहों से तू गुजरा।
दे देना संदेश मेरी बिटिया को, तेरी याद मुझे रुला जाती है
बंद आंखों से तकती हूं उसको, छुप कर मेरे दिल में वो रहती है।

वीर सपूतों को मेरा संदेश

ऐ मेरे देश के वीर सपूतो, नमन करो स्वीकार हमारा
एक-एक आतंकी को चुन कर तुमने मौत के घाट उतारा।
प्राणों की आहुति देकर तुमने, भारत मां का कर्ज उतारा
आहत हैं तन-मन ही दोनों, रुला गया बलिदान तुम्हारा।
शर्म से नजरें झुक जाती हैं, अर्थहीन लगता है अस्तित्व हमारा
कलंकित हैं यह सारे नेता, उजाड़ दिया है चमन हमारा।
देश सेवा की आड़ में ढोंगी, भरते हैं सब कोज़ यह अपने
यह क्या समझेंगे जनता की पीड़ा, सुरक्षित हैं परिवार जब अपने।
धन्य-धन्य माताएं तुम्हारी, लाल जिन्होंने अपने वारे
उमर भर अब सहेंगी पीड़ा, जख़्म हैं उनके बहुत ही गहरे।
सूनी कर दी मांग किसी की, छीना किसी से पिता का साया
इस भीज़ण आतंक ने देखो, कैसा भयंकर कहर बरसाया।
संदेश है मेरा फौजी वीरों को, थाम लो कमान देश की अब तुम
फिर कोई सीमा पार से सेंध लगाये, ना हो पड़ोसी में इतना दम।

मैं गाय हूं

मैं गाय हूं,
मेरा नाम कामधेनु या नंदिनी भी हुआ करता था
मैं महान ऋज़ियों की सुरक्षा में रहती थी
वो मेरी सेवा करते थे और मैं सबका पालन-पोज़ण
तभी तो मुझे गौ माता का दर्जा दिया गया है।
मेरे रोम-रोम में ईष्ठवर का वास है
भगवान कृज़्ण ने गौ की पूजा करना सिखाया
लेकिन समय बदलता गया
युग बीत गये
धीरे-धीरे लोग मेरी महत्ता को भूलने लगे
लेकिन पूत कुपूत हो जाते हैं,
माता कभी कुमाता नहीं होती!
मैं तो सदैव आप सबकी सेवा में लगी रही
मेरा दूध पीकर, बच्चे जवान हुए,
माताओं ने देश को स्वस्थ संतानें दीं
मेरे दूध से बने हुए स्वादिज़्ट व्यंजन खाकर
तुम जीवन भर चटकारे लेते रहे
लेकिन क्या तुमने कभी भी सोचा कि
मुझे इन सबके बदले में क्या लौटाया गया?
तुमने बीमार, कमजोर और बूढ़ी होने पर
मुझे कसाई को बेच दिया!

मुझे प्यार के बदले दी मौत, मेरा कत्ल!
मेरा तुम सबसे प्यार भरा अनुरोध है!
मेरी सुरक्षा के लिए आवाज उठाओ।
कुछ तो अपने मां के दूध की कीमत चुकाओ।

अल्लाह के नाम पर...

आज व्यथित मन मेरा, देख कर निर्मम नरसंहार
क्या किसी मासूम को मारकर, पाओगे जन्नत का द्वार?
यह कैसा जिहाद है, हर तरफ गोलियां और मार-काट है
एक पल में छीनते हो तुम किसी की जिंदगी
और फिर मस्जिद में बैठ कर, करते खुदा की बंदगी
रूबरू होंगे जिस दिन खुदा के, क्या मुंह दिखलाओगे
अपने पापों का हिसाब, क्या उसे दे पाओगे?
शैतान बन कर जी लिए, अब अमन की राह पर चलो
बन कर किसी के रहनुमा, तुम मसीहा बन जओगे।

बेटियों में आत्मविश्वास जगाएं!

आज न जाने क्यों मन में उथल-पुथल मची है। बार-बार बलात्कार की खबरें, छोटी छोटी बच्चियों का शोज़ण मन को व्यथित कर देता है। पूछती हूं, हम लोग किस दिशा में जा रहे हैं? यह सोच मेरे हृदय को कचोटती है, लेकिन अपने आपको कुछ भी करने के लिए या इसे रोकने के लिए असमर्थ पाती हूं! लेकिन एक और प्रष्ठन जो हर समय मेरे जहन में आता है, वो यह है कि क्या इस आधुनिक युग में शादीशुदा महिलाएं सुरक्षित हैं? हमारे आधुनिक समाज में जब एक औरत हर क्षेत्र में पुरुज़ों के साथ कंधे से कंधा मिलाकर सफलता की सीढ़ियां चूम रही है, देखा जाए तो पुरुज़ों से अधिक योगदान दे रही है, घर-बच्चे, नौकरी सभी को संभाल रही है, फिर भी अधिकांश देखा गया है कि पुरुज़ अपने अहम् तले उसकी योग्यता को कुचल डालते हैं।

हर तरह से एक नारी की भावनाओं का मानसिक और शारी. रिक बलात्कार ही तो हो रहा है। एक पति जब जी चाहे पत्नी को बाहर का रास्ता दिखा देता है और खुद गृहस्वामी बन बैठता है। औरत तिनका-तिनका जोड़ कर घर बनाती है और घर का स्वामी वो कहलाता है। मां से अधिक अधिकार बच्चों पर उसका होता है–बाप का ही नाम बच्चे के साथ जोड़ा जाता है। नफरत होती है अपने रीति-रिवाजों से। क्यों करते हैं हम बेटियों का कन्यादान–क्या हमारी बच्चियां कोई वस्तु हैं? जो अपनी पत्नी के

सम्मान की रक्षा नही करता–वो अपनी जननी, बहन या किसी भी दूसरी स्त्री का सम्मान कैसे करेगा?

मैं यही कह सकती हूं कि अपने आत्मसम्मान की रक्षा के लिए प्रत्येक स्त्री को अपने इरादों को मजबूत बनाना होगा। समाज में सम्मान पाने के लिए सबसे पहले हमें स्वयं का सम्मान करना होगा।

अपनी बेटियों को शिक्षित करना होगा, ताकि वो समाज में सर उठाकर जी पाएं। अपने आत्मसम्मान की रक्षा कर सकें। बेटों को अच्छे संस्कार दें! दोनों की परवरिश एक समान करें। दोनों में कोई भेदभाव न करें।

बेटियों में आत्मविष्ठवास जगाएं। गृहस्थी चलाने के लिए आपसी तालमेल, एक-दूसरे के प्रति सम्मान, सहमति की आवष्ठयकता है। आप औरत को नीचा दिखाकर घर के स्वामी या बच्चों के आदर्श पिता नहीं बन सकते। अपनी सोच को बदलने के लिए हमें खुद को बदलना होगा, तभी एक सभ्य समाज की जड़ें मजबूत होंगी, लोगों में बदलाव आएगा। मेरी विनती है, प्रत्येक मां-बहन से कि यह तभी मुमकिन होगा, जब मां सही का साथ देगी।

स्त्रियों को सम्मान दें

आए दिन समाचार-पत्रों, टेलीविजिन पर महिलाओं पर हो रहे दुर्व्यवहार की खबरें पढ़ने को मिलती हैं। बहुत तकलीफ होती है कि हमारे सभ्य और पढ़े-लिखे समाज में आज भी स्त्रियों को हीन दृज़्टि से देखा जाता है। जबकि वो ऊंचे पदों पर नौकरी भी करती हैं, मर्द से दोगुनी शक्ति से काम कर रही है। वो घर संभालती हैं, बच्चों की देखरेख करती हैं, समाज में मर्द को ऊंचा दर्जा देती हैं। आदमी की प्रताड़ना सहकर भी उसे तब तक छुपाने का प्रयत्न करती हैं, जब तक उनके सब्र का बांध टूट ना जाए या उनकी सहनशक्ति उन्हें पूरी तरह तोड़ न दे। यूं तो हमारे शास्त्रों में स्त्री को देवी का दर्जा दिया गया है, घर की लक्ष्मी माना गया है, लेकिन कितने घरों में उसे यह इज्जत मिलती है? कहीं वो अपने पति के जुल्म सहती है तो कहीं समाज के। कभी-कभी औरत ही औरत की दुष्ठमन बन जाती है... और जब इन सब बातों से उसका सब्र टूट जाता है, तो वो रणचंडी बन जाती है। फिर तो उसको बहुत कुछ सुनना पड़ता है। हम यदि अपने घरों में अपने लड़कों को लड़कियों का सम्मान करना सिखाएं तो मैं समझती हूं, बहुत हद तक लड़कियों को समाज तथा घर में लड़कों के बराबर सम्मान मिल सकता है। पुरुज़ भी यदि अपना 'ईगो' छोड़कर अपनी पत्नी का सम्मान करें, उसकी सराहना करें, तो दाम्पत्य-जीवन सुखी हो जाता है—घर स्वर्ग बन जाता है। मेरी बात पर कृपया गौर करें और अपने घरों में खुशहाली लाएं।

आज का मानव

मानव का मानवता से नाता, आज के दौर में बिखर गया
तन की भूख मिटाने खातिर, घर-घर बैठा कोई रावण
किसी अबला को निगल गया।
कहीं चीख रही कोई जवानी, कहीं बचपन है सिसक रहा
तन की भूख मिटाने को मानव, अपना ही घर लूट रहा।
कहां गुहार लगाएं जाकर, मां जाया भी तो बदल गया
बांह खींच कर मां जाई की, हर सीमा को लांघ गया।
मानव से मानवता का नाता, आज के दौर में बिखर गया।
हर चौराहे और हर नुक्कड़ पर, भूखे भेड़िये घात लगाये बैठे हैं
सतयुग का मेरा कृज़्ण कन्हैया, द्रुपद सुता को भूल गया।
गुड़िया खेल खिलौने छूटे, इक गुड़िया का अपहरण हुआ
एक निशाचर छिप कर आया, लूट-खसूट के उस मासूम को
मरने को फिर छोड़ गया।
कानून के रखवाले भी अंधे, बहरे और गूंगे हैं
ऐसी चली भयंकर आंधी, जुलम आज फिर जीत गया।
मानव का मानवता से नाता, आज के दौर में बिखर गया।
जागो! देश की बेटियो जागो!
आज तुम ही रणचंडी बन जाओ
चुन-चुन कर इन नर पिशाचों को, मौत की नींद सुला जाओ
राह न्याय की देख-देख कर एक जमाना बीत गया।
मानव का मानवता से नाता, आज के दौर में बिखर गया।

हर दुर्योधन और दु:शासन को, उसकी औकात दिखा दो तुम
देश के रखवालों को भी अब, बाहर का रस्ता दिखा दो तुम
जीत अंत में होगी तुम्हारी, घड़ा पाप का अब है छलक गया
मानव का मानवता से नाता, आज के दौर में बिखर गया।

विदेशों में रहने वाली महिलाओं का जीवन

विदेशों में बसने वाली महिलाओं का जीवन इतना सरल नहीं, जितना स्वदेश वाले समझते हैं। मुझे तो कभी कभी ऐसा लगता है, जैसे हाथी के दांत खाने के और, दिखाने के कुछ और। यहां आने से पहले ऐसा लगता था कि यहां के ठाठ ही निराले होंगे।

लेकिन यहां आने के बाद अपने आपको पूर्णतया यहां के माहौल में ढाल पाना इतना सहज भी नहीं! विशेज़कर जो महिलाएं नौकरी भी करती हैं और घर भी संभालती हैं तथा अपने बच्चों को भी बड़ा कर रही हैं, उन्हें बहुत संघर्ज़ करना पड़ता है!

अपने देश में महिलाएं बहुत हद तक पुरुज़ों से जुड़ी होती हैं, अपनी हर परेशानी का हल उन्हें वहीं मिल पाता है। लेकिन अपना देश छोड़ कर नयी परिस्थितियों में अपने आपको ढालना बहुत कठिन होता है। शायद इसीलिए वो मानसिक तनाव का शिकार भी होने लगती हैं! बच्चों के भविज़्य की चिंता, साथ ही उन्हें यह भी सोचना पड़ता है कि वो अपनी संस्कृति को न भूल जाएं!

लेकिन यह तो मानना ही पड़ेगा कि हमारी साथी महिलाओं ने यह सब बड़े ही धैर्य के साथ अपनाया है, वह नौकरी करती हैं, बिजनेस में हाथ बटा रही हैं, अपने परिवार संभाल रही हैं, बच्चों को नए माहौल में जीना सिखा रही हैं और इसके अलावा उन्हें अपनी संस्कृति से भी जोड़े रखने की कोशिश कर रही हैं।

सबसे बड़ी बात तो यह है कि यहां घर के कामों में किसी भी प्रकार की सहायता नहीं मिलती, नौकर नहीं होते, और न ही बाहर कोई सपोर्ट सिस्टम है, फिर भी महिलाएं बड़े आत्मविष्ठवास के साथ आगे बढ़ रही हैं, यह हमारे लिए बहुत ही गौरव की बात है।

यहां बसने वाले परिवारों में हर उम्र की महिलाएं हैं, इसलिए यहां पराई धरती पर आकर, पराये माहौल में खुद को ढालना किसी बड़ी चुनौती से कम नहीं है! मैं मानती हूं कि यहां जीवन को सरल बनाने के सभी साधन उपलब्ध हैं।

यहां की जिन्दगी काफी जटिल है! मैं स्वयः 60 वर्ज़ की हूं। अपने छोटे से परिवार के साथ रहती हूं। मुझे यहां आए केवल कुछ वर्ज़ ही हुए हैं। इस उम्र में इतना बड़ा बदलाव लाना बहुत कठिन होता है किन्तु परिस्थितियों से समझौता तो करना ही पड़ता है!

सरल-सा दिखने वाला जीवन अन्दर से उतना ही घुटा-घुटा होता है। इसलिए अपने देश को छोड़ कर आई हुई महिलाओं के प्रति मेरे मन में आदर की भावना है। उन पर गर्व होता है कि कैसे पराये देश में आकर उन्होंने बड़ी सहजता के साथ यहां की संस्कृति, भाज़ा और वातावरण को अपना लिया है और हर क्षेत्र में बड़ी मेहनत, लगन और ईमानदारी से उन्नति करती हुई आगे बढ़ रही हैं, यहां के मूल निवासियों को टक्कर दे रही हैं। यह वास्तव में इनके संघर्ज़ और हिम्मत की मिसाल है।

गणतंत्र दिवस

सोने की चिड़िया कहलाता था प्यारा हिंदुस्तान हमारा,
जान से भी अज़ीज़ है हमें, भारत देश हमारा।
कभी हम देशभक्ति के गीत गाते थे,
इसकी शान में हम सर अपना झुकाते थे,
यह गौरव था हमारा, यह प्रतीक था ईमान का,
यह इतिहास है बलिदान का।
इसे आजाद करवाने में, कटाए कई वीरों ने सर,
छुड़ाया विदेशियों के पंजों से, जानें कुर्बान की इस पर,
शहीदों के बलिदानों से मिला हमें यह लोकतंत्र,
जश्न-ए-आज़ादी मनाया हमने, हो गया भारत स्वतन्त्र,
यह सपना था गांधी, जवाहर, बाल लाल पाल का।
पर क्या सही मायनों में हम स्वतन्त्र हो पाए?
क्या देश में सही गणतंत्र ला पाए?
यह तो बन गया गुलाम अपनी ही सरकार का
नहीं दे पाया रामराज्य, बन गया अड्डा भ्रज़्टाचार का
कोर्ट-कचहरी, सी. बी. आई वकील तक
बन गए हैं कठपुतलियां सरकार की,
पग-पग पर खून हो रहा सत्य का, गणतंत्र की हो रही हार भी,
दोहा तुलसीदास का सच हो गया–
"माया को माया मिले कर कर लम्बे हाथ,
तुलसीदास गरीब की कोइ ना पूछे बात।"

माया बहन धन बटोरती, हाथी की लेकर आड़,
अपने ही बुत बनवा कर, पहनवा रही ताजा फूलों के हार,
पंवार जी की पावर से दुखी हैं कई गरीब जन
सांसें अटकी हैं कंठ में, जमा कर रहे फिर भी काला धन,
राहुल जी परेशान हैं, कैसे भी सत्ता की कुर्सी मिल जाए
अडवानी जी बैठे सोच में, किसी तरह सोनिया की कुर्सी हिल जाए
होड़ लगी मंत्रियों में, कैसे छुपाएं काला धन
मुंह भले ही काला हो जाए, फिर भी धन से नहीं भरता है मन,
खेल मंत्री ने करोड़ों कमा लिए, खेल ही खेल में
लालू जी चारा घोटाला कर गए बैठ कर रेल में,
अन्ना जी संघर्ज़ कर रहे, लोकायुक्त को पास कराने का
किन्तु सामना हर पल कर रहे, सरकार के नए बहानों का
नेताओं ने बेच दी है शर्म भी, जनता है शर्मसार–सी
परेशान मैं भी हूं बहुत, देख कर करतूत सरकार की
जागो देशवासियो अब, छीन लो भ्रज़्ट हाथों से सरकार तुम
मुक्त करा दो देश को, ना उजड़ने दो अपना चमन
श्रृंगार करो भारत मां का तुम
अमन, शांति, ईमान से देनी पड़े जो जान भी
डरना ना तुम बलिदान से।

नया दौर

कभी कभी मैं सोचती हूं कि कम्प्यूटर की तकनीक ने दुनिया को बहुत छोटा कर दिया है, लेकिन हम अपनों से दूर होते जा रहे हैं। पूरी दुनिया तो हम गूगल या फेसबुक पर जाकर कुछ ही पलों में नाप लेते हैं। किन्तु हमारे अपनों के आसपास क्या चल रहा है, हम पूछने की जहमत ही नहीं उठाते–मेरे कहने का मतलब उन रिष्ठतों से है, जो हमसे दूर रहते हैं।

कुछ वर्ज़ पहले जब पत्र लिखने का चलन था, तो हम लम्बे-लम्बे पत्र एक-दूसरे की कुशलता पाने के लिए लिखते थे। कभी-कभी भावना में बहकर आंसू भी गिर जाते थे। अक्षर धुंधले पड़ जाते थे। फिर सिलसिला चलता पत्र के उत्तर के इंतजार का। वो समय भी निकल गया, फिर आया ईमेल का जमाना। वो भी अच्छा था, हाथों का स्पर्श तो नहीं था, लेकिन हाल-चाल पूछ ही लेते थे। भले ही थोड़ी छोटी हो गई थी पत्र की लम्बाई, लेकिन उसकी जगह ले ली व्हाट्सऐप ने। फिर तो पूछिए मत। कोई मर गया तो RIP और शादी-ब्याह, जन्मदिवस पर Congratulatios और कोई बीमार हो, तो get well soon or speedy recovery.. बाकी दुनिया भर की खबरें फटाफट एक-दूसरे से सांझी हो जाती हैं, लेकिन उनमें कोई feeling होती ही नहीं। बस फॉरवर्ड ही तो करनी हैं। क्या कमाल है नई टेक्नॉलोजी का।

तकलीफ होती है कि दिन-प्रतदिन इंसान एक रोबोट बनता जा रहा है। एक-दूसरे से दूर-बिना किसी इमोशनल फीलिंग के। अरे भाई, अब तो फोन भी फ्री का है। कभी तो हम एक-दूसरे से बात कर ही सकते हैं-ऐसी भी क्या व्यस्तता।